IDÉES PRATIQUES

SUR LES MANŒUVRES

DE LA

CAVALERIE

PAR UN OFFICIER DE CAVALERIE

On disait jadis des académies qu'elles avaient pour devise : *Nul n'aura d'esprit que nous et nos amis.* Les académies se sont corrigées, corrigeons-nous à notre tour, nous y gagnerons, et le pays aussi.

X...

PARIS

DANS LES BUREAUX DE L'ILLUSTRATION MILITAIRE

RUE DE LAS-CASES, 18, PRÈS LE MINISTÈRE DE LA GUERRE

1868

LUTTES PRATIQUES

DES INSTRUCTEURS

CAVALERIE

PAR UN OFFICIER DE CAVALERIE

IDÉES PRATIQUES

SUR LES

MANŒUVRES DE LA CAVALERIE

PARIS

IMPRIMERIE BALITOUT, QUESTROY ET Ce

7, rue Baillif et rue de Valois, 18

IDÉES PRATIQUES

SUR LES MANŒUVRES

DE LA

CAVALERIE

PAR UN OFFICIER DE CAVALERIE

> On disait jadis des académies qu'elles avaient pour devise : *Nul n'aura d'esprit que nous et nos amis.* Les académies se sont corrigées, corrigeons-nous à notre tour, nous y gagnerons, et le pays aussi.
>
> X***.

PARIS

DANS LES BUREAUX DE *L'ILLUSTRATION MILITAIRE*

RUE DE LAS-CASES, 18, PRÈS LE MINISTÈRE DE LA GUERRE

1868

L'*Illustration militaire* a été et sera toujours une
tribune accessible à toutes les discussions qui peuvent intéresser l'armée et élucider les points dou-
teux et discutables de la tactique militaire.

Aussi nous avons toujours accueilli avec plaisir et
prêté l'appui de notre publicité à tous ceux qui,
comme l'auteur des *Études pratiques sur les Manœuvres de la Cavalerie,* n'ont pas voulu détruire sans
reconstruire, mais qui, mus par un louable sentiment
de patriotisme, ont voulu apporter le contingent de
leurs études techniques à ce perfectionnement inces
sant de toutes choses, qui est le propre de notre
époque.

Jamais nous ne prenons parti pour les opinions en
présence, aussi les réponses sont-elles toujours les
bienvenues, et nous les insérons, quand elles ne sortent pas de notre cadre et ne touchent pas aux questions interdites par la loi.

Le travail de notre collaborateur anonyme sera

étudié, nous n'en doutons pas, avec le plus grand intérêt, aussi bien par ceux qui l'ont lu dans notre feuille que par ceux qui ne le connaissent pas encore.

« Être utile, » telle a été la devise de l'auteur, et nous croyons son but atteint.

Les lecteurs apprécieront.

*Le Rédacteur en chef de l'*Illustration militaire,

Henri DELACOUR.

Tout est à simplifier dans les armées, parce qu'il ne leur suffit plus à présent de faire bien, il faut qu'elles fassent *vite*.

Les marches, les combats après les marches, seront de plus en plus des luttes *de vitesse dans l'ordre*.

IDÉES PRATIQUES

MANŒUVRES DE LA CAVALERIE

Le général *de Brack,* dans les *Avant-Postes de cavalerie légère,* s'exprime ainsi, au sujet des manœuvres à employer à la guerre.

« Hors de la portée de l'ennemi, il n'y a pas
» de motif à mouvements compliqués; près de
» l'ennemi, il y a encore moins motif à ces mou-
» vements, parce qu'ils ne s'y exécutent jamais
» avec le calme et la précision du terrain d'exer-
» cices, et que nous pouvons être surpris et taillés
» en pièces dans une formation hasardée. »

Le général *Marbot* écrivait dans le *Spectateur militaire,* à propos des manœuvres de la cavalerie :

« Toutes les évolutions du Champ de Mars
» doivent être le simulacre de ce qui se pratique
» à la guerre; une manœuvre qui ne remplirait
» pas cette condition est inutile et doit être ban-
» nie. »

Le même général disait au Comité de cavalerie, dont il était le rapporteur :

« La force de la cavalerie consiste dans le bon
» ordre, l'aplomb et la précision; moins il y aura
» de mouvements, mieux ils seront compris de
» tous; la multiplicité des manœuvres nuit à la
» solidité de l'instruction, il faut limiter ce qu'on
» doit apprendre à nos troupes. »

Le général qui vient d'écrire le remarquable
ouvrage : *l'Armée française en 1867,* s'avance
plus loin encore; il voudrait que la théorie des
mouvements propres à chaque arme fût réduite
à quelques pages.

Interrogez les généraux qui savent la guerre,
les colonels qui ont fait campagne, tous profes-
seront les mêmes opinions, tous demanderont
des simplifications.

Il n'est donc ni téméraire, ni hors de propos
de formuler les deux propositions suivantes :

1° Le nombre des manœuvres doit être réduit
au strict nécessaire, c'est-à-dire que les mouvements qui font double emploi, qui sont inutiles

ou dangereux à la guerre, doivent disparaître de l'Ordonnance ;

2° Les mouvements conservés doivent être aussi simples que possible : chacun d'eux sera donc examiné à ce double point de vue. Les commandements sont-ils simples et combinés de manière à éviter toute chance d'erreur? L'exécution du mouvement est-elle susceptible de perfectionnements?

Ce travail d'élimination et d'examen, est du ressort du Comité de cavalerie, mais je pense qu'il est permis à tout homme aimant son métier d'exposer ses vues.

Voici les miennes.

La tâche que j'ai entreprise est certainement au-dessus de mes forces, mais le désir d'être utile m'a guidé et soutenu.

Je ne juge pas à propos de faire connaître mon nom, voulant, en gardant l'anonyme, ouvrir la discussion et appeler les objections : du choc des opinions jaillira la lumière.

J'ai commencé mon travail par l'école du peloton, que je considère comme la clef des manœuvres; puis, suivant l'ordre établi par l'Ordonnance, j'ai travaillé l'école d'escadron, qui, selon l'expression du général Marbot, est la source où les évolutions viennent puiser leurs combinaisons. Les évolutions de régiment et les évolutions de ligne ont été tour à tour l'objet de mes études. J'ai terminé mon travail par un chapitre que j'intitule : *des Commandements-sonneries.* J'ai la conviction que cette dernière idée est féconde et que, mise en pratique par nos maîtres en fait de manœuvres, elle sera le point de départ de la télégraphie militaire.

ARTICLE PREMIER

ÉCOLE DU PELOTON A CHEVAL.

A la guerre, on ne manœuvre pas en colonne par quatre, ni en colonne par deux, encore moins en colonne par un ; on ne prend ces dispositions que pour passer un défilé, franchir un pont ou tout autre obstacle, et dès que le terrain le permet on s'empresse de revenir à l'ordre en colonne avec distance, afin de pouvoir attaquer et se défendre, ou bien encore se former en colonne serrée.

On peut donc le dire : la colonne par quatre, par deux, par un est une disposition essentiellement transitoire et purement exceptionnelle.

Pourquoi donc alors établir deux manières de rompre le peloton par quatre, deux manières de dédoubler par deux, ou par un, et, partant, deux manières de doubler par deux ou par quatre, deux manières de former le peloton ? Ne pourrait-on pas, puisqu'il s'agit d'une disposition transitoire, adopter ces deux principes qui de fait n'en forment qu'un.

Les ruptures de peloton et les dédoublements s'exécuteront par la droite, les doublements par deux et par quatre et les formations de peloton s'exécuteront par la gauche ou pour mieux dire vers la gauche.

Tirons de ces principes les conséquences qu'ils comportent : les formations en avant en bataille la gauche en tête, les à droite et les sur la gauche en bataille disparaissent de l'école du peloton ; est-ce un mal ? C'est ce que nous allons examiner.

Les *en avant en bataille* et les formations de peloton ont le même but : placer les uns à côté des autres un certain nombre d'hommes qui se suivent. Si donc les formations de peloton peuvent sans inconvénient s'opérer toujours vers la gauche, pourquoi n'en serait-il pas de même des en avant en bataille ? Je vais plus loin : les formations en avant en bataille et les formations de peloton font double emploi, ces premières doivent donc être supprimées, car il est plus simple de commander : *formez le peloton, marche,* que de commander : *en avant en bataille, marche, halte, à droite alignement, fixe.*

Les formations en avant en bataille ont pour but, me dira-t-on, d'exercer les hommes à s'aligner par deux, par quatre; mais ce but est rempli par les alignements par deux et par quatre.

On peut m'objecter qu'en se formant en bataille à l'école du peloton, les hommes se préparent aux en avant en bataille en colonne avec distance; mais à l'école du peloton, le mouvement s'exécute dans chaque rang par une marche oblique par cavalier, tandis qu'à l'école d'escadron, on emploie une marche oblique par troupe.

Enfin si vous supprimez les *en avant en bataille* par quatre de l'école du peloton, il faudra plus tard apprendre à vos hommes ce mode de formation, car, à l'école d'escadron vous devez exécuter ce mouvement : l'escadron marchant en colonne par quatre ou par deux le former en avant en bataille. De même avant d'entamer les évolutions de régiment l'Ordonnance vous prescrit de former, en avant en bataille, le régiment marchant en colonne par quatre.

A cette dernière objection, je répondrai :

La rupture de l'escadron par quatre et à plus

forte raison la rupture du régiment par quatre sont des mouvements qui s'exécutent toujours mal, qui demandent beaucoup de temps et dont on peut débarrasser l'Ordonnance. N'est-il pas plus commode, lorsqu'il s'agit d'un escadron isolé de rompre par pelotons à droite ou à gauche ou par pelotons en avant de son front et de commander ensuite par quatre ou par deux, marche.

Pour un régiment en bataille, les tacticiens n'admettent pas la rupture par quatre; commandez : pelotons à droite ou à gauche, faites changer de direction et commandez : par deux ou par quatre, vous obtiendrez le même résultat avec infiniment plus de régularité et de précision.

Si les ruptures par quatre disparaissent de l'école d'escadron, elles entraînent avec elles les formations en avant en bataille, qui en sont la conséquence; d'ailleurs ces formations ne s'emploient pas à la guerre. Quand un escadron ou un régiment sortent d'un défilé en colonne par quatre ou par deux, on n'attend pas que toute la colonne ait franchi l'obstacle pour commander en avant en bataille; on forme les pelotons dès qu'on le peut, afin d'avoir une force vraiment maniable sous la main, et quand les pelotons sont formés, on exécute son mouvement. Pourquoi ferions-nous autrement sur les champs de manœuvres ?

J'aborde maintenant les mouvements à gauche et à droite en bataille. J'établis d'abord que pour un peloton ces mouvements n'ont pas d'utilité réelle et qu'ils ne figurent qu'à titre d'exercices. En effet, quand un chef de peloton a vingt pas sur sa gauche pour se former en bataille, il peut commander : formez le peloton (puisque, d'après nos conventions, la formation s'exécutera vers la gauche), et faire ensuite peloton à gauche, marche, halte.

S'il doit s'établir à droite et qu'il soit serré sur sa gauche, il gagnera douze pas sur sa droite, formera son peloton sans arrêter et commandera peloton à droite.

En ce qui touche les mouvements sur la droite et sur la gauche en bataille, je ne serai pas plus embarrassé, si j'avais un peloton à conduire ; je ferais tête de colonne à droite ou à gauche et je formerais mon peloton. Mais si vous n'avez que vingt pas sur votre droite ? S'il n'y avait que juste vingt pas sur la droite, on ne me dirait pas de me former en bataille sur ma droite.

Pour un escadron, pour un régiment, ces formations n'ont pas plus de raison d'être. Serait-il raisonnable, par exemple, à la sortie d'un

.2

défilé, de marcher en colonne par quatre jusqu'à ce qu'on ait gagné en avant le tiers de l'étendue du front? Non, évidemment; pas un officier intelligent ne s'en aviserait, car le bon sens indique qu'il faut former successivement ses pelotons et se mettre ensuite en bataille par un simple à droite ou à gauche.

Qu'un régiment, après avoir franchi en colonne par quatre, un obstacle quelconque, un pont, par exemple, doive se former sur la droite en bataille, le colonel fera faire à ses premières files tête de colonne à droite, fera former successivement ses pelotons et prendra portion par un en avant en bataille.

En colonne par quatre, la droite ou la gauche en tête, vous n'avez que deux formations à prendre, à gauche (ou à droite) ou bien sur la droite (ou sur la gauche) en bataille; la formation préalable et successive des pelotons met à votre disposition toutes les combinaisons possibles et, avantage immense, vous permet de vous défendre immédiatement.

L'enchaînement des idées m'a entraîné loin de l'école du peloton; j'y reviens, non pour demander de nouvelles suppressions, mais pour résumer mes propositions.

J'ai proposé :

1° La suppression des ruptures et des dédoublements par la gauche, parce que ces ruptures
et ces dédoublements sont des mouvements
d'exception; parce qu'à mon avis, une seule manière de faire supprime toute chance d'erreur,
parce que l'exiguité d'un front de douze mètres
n'exige jamais qu'on rompe plutôt par la gauche
que par la droite.

2° La suppression des formations en bataille
en avant à gauche (ou à droite), sur la droite
(ou sur la gauche), parce que ces mouvements
sont inutiles en eux-mêmes, inutiles comme
exercices, puisque les mouvements auxquels ils
servent de préparation doivent être suppri-
més.

M'est-il permis d'ajouter après avoir retran-
ché? je l'espère; d'ailleurs il ne s'agit que d'une
simple transposition.

Le paragraphe suivant : « Lorsqu'on a obtenu
« de la régularité et de la précision dans les for-
« mations aux diverses allures, le capitaine com-
« mandant exerce l'escadron à rompre de pied
« ferme au trot et au galop, » passerait à l'école
du peloton en remplaçant capitaine commandant par instructeur. Ces ruptures de pied ferme
au trot et au galop, outre leur utilité réelle, ha-
bituent les hommes à passer de l'immobilité aux

allures vives, habitude nécessaire à l'arme mobile par excellence.

Les idées émises dans cet article sont-elles praticables? L'application présente-elle des inconvénients? Offre-t-elle des avantages? La somme des avantages surpasse-t-elle celle des inconvénients? Ce sont là des questions que des expériences ordonnées sans prévention et faites de bonne foi peuvent seules résoudre.

ARTICLE II.

ÉCOLE D'ESCADRON.

Je crois avoir démontré l'inutilité des ruptures par quatre de l'escadron en bataille et des formations qui en dérivent; je dois donc, pour être conséquent avec moi-même, demander la suppression de ces mouvements.

C'est du reste le seul changement sérieux que réclame l'école d'escadron.

Les autres modifications, que nous allons proposer sont des modifications de détail qui ne portent que sur des commandements.

Dans les formations *ordre inverse* sur le flanc ou sur le prolongement en avant du flanc (*à droite ou à gauche, sur la gauche ou sur la droite en bataille*), à quoi servent ces mots *ordre inverse?* Est-il nécessaire que tout l'escadron sache que les pelotons vont être inversés ! Le capitaine commandant le sait, il fait exécuter le mouvement avec la pensée de reprendre, après la formation, l'ordre naturel; n'est-ce pas suffisant ? Que ce capitaine oublie, ce que je ne peux supposer, que ses pelotons sont inverses et qu'il agisse en conséquence, qui lui signalera son erreur ? personne, car le silence est obligatoire pour les subordonnés.

Les mots ordre inverse sont donc inutiles; ils sont *nuisibles,* car ils font naître chez la plupart des officiers un sentiment pénible : « C'est » un mouvement ordre inverse qu'on va exécu- » ter, donc c'est un mouvement difficile, se dit- » on, prenons garde de nous tromper, » et l'on se trompe souvent.

A ce double point de vue d'inutile et de nuisible, cette mention doit disparaître de l'Ordonnance.

Comment nous y prendrons-nous alors, lorsque, marchant en colonne avec distance, la droite (ou la gauche) en tête, nous voudrons nous former en bataille vers notre droite ou notre gauche. Nous emploierons un moyen simple, dont je ne m'attribue pas l'invention; nous dirons, dans notre commandement préparatoire , de quel côté les chefs de peloton doivent conduire leurs pelotons.

Le major *Itier* avait proposé de modifier le commandement préparatoire ; on aurait commandé : *En avant vers la gauche* (ou *vers la droite*) *en bataille.*

Le général Marbot, dans son rapport sur le système Itier, avait proposé de commander *par la gauche* ou *par la droite.*

Ne serait-il pas plus simple de garder le commandement *en avant en bataille,* auquel nous sommes habitués et de le faire suivre de cet avertissement *demi à gauche* (ou *demi à droite*) ?

Dans l'infanterie, quand on commande *par section à droite,* les officiers ne préviennent-ils pas leurs hommes que c'est la gauche qui marche, et cependant les erreurs sont bien moins à craindre, bien plus faciles à rectifier que dans la cavalerie.

Que de résultats nous procureraient ce système ! les chefs de peloton ne pourraient plus commettre d'erreurs ; un sous-officier, un brigadier même pourrait commander un peloton sans se tromper.

Les en avant ordre inverse en bataille continueraient d'exister, mais ne formeraient plus de mouvements particuliers.

Au premier rang des avantages, j'ai placé l'élimination de toute chance d'erreur; pourquoi? parce que l'erreur d'un seul officier peut mettre l'escadron en désordre.

Les chances d'erreur sont donc bien nombreuses?

Quand on commande *en avant en bataille,* les chefs de pelotons doivent d'abord se rappeler si l'on marche la droite ou la gauche en tête, puis se dire : « On a la droite (ou la gauche en tête), » on se forme en ordre naturel ou en ordre in- » verse, je dois commander *demi à gauche* ou » *demi à droite.* » Sur le terrain de manœuvres, avec un peu d'habitude et beaucoup d'attention, ce calcul mental s'opère presque toujours exactement, mais se fait-il aussi bien sur le champ de bataille, sous le boulet ou à l'approche de la cavalerie ennemie?

Je laisse à ceux qui ont fait la guerre, le droit de répondre à cette question.

Les formations d'escadron, qui ne sont que des en avant en bataille, bénéficieraient de l'addition demandée. On commanderait (selon qu'on aurait la droite ou la gauche en tête) : *Formez l'escadron demi à gauche* ou *demi à droite,* et *formez l'escadron, demi à droite* ou *demi à gauche,* au lieu de : *ordre inverse, formez l'escadron.*

Une observation encore, et j'en ai fini avec l'école d'escadron.

Dans la rupture par pelotons en avant du front, au commandement *par pelotons, rompez l'escadron,* les chefs de peloton doivent se rappeler cette convention : quand le commandement préparatoire n'est pas précédé de ces mots « par la gauche, » c'est par la droite qu'on doit rompre. Pourquoi ne pas commander *par la droite, par pelotons, rompez l'escadron?* Ces trois mots « par la droite » n'indiquent-ils pas aux officiers qu'ils doivent conduire leurs pelotons vers la droite.

En résumé :

1° Suppression des ruptures de l'escadron par quatre et des formations correspondantes ;

2° Suppression des mots ordre inverse dans les commandements préparatoires où ils sont intercalés ;

3° Addition aux commandements *en avant, en bataille* et *formez l'escadron,* d'un commandement explicatif, d'un avertissement si vous l'aimez mieux (*demi à gauche* ou *demi à droite*);

4° Addition de ces mots « *par la droite* » au commandement *par pelotons, rompez l'escadron.*

L'école d'escadron, à part les ruptures par quatre du premier article, resterait intacte.

<h1 style="text-align:center">ARTICLE III.</h1>

ÉVOLUTIONS DE RÉGIMENT.

Les ruptures de régiment par quatre et les formations en bataille de la colonne par quatre, qui figurent aux notions préliminaires, sont supprimées par les raisons énoncées dans notre premier article.

Pour les évolutions proprement dites, je ne pouvais plus, comme je l'ai fait pour l'école de peloton et l'école d'escadron, suivre l'ordre établi par l'Ordonnance, et j'ai dû grouper mes observations de la manière suivante :

Colonne avec distance,

Colonne serrée,

Marche en bataille.

Colonne avec distance. — Les formations de la colonne avec distance se divisent en trois classes bien distinctes : formations simples, formations composées, formations centrales.

Les formations simples se composent d'un seul mouvement ; chaque peloton, chaque escadron gagne directement la place qu'il doit occuper. Ce sont des pièces en un acte. Tels sont les *à droite*, les *à gauche en bataille*, les *sur la droite*, *sur la gauche en bataille*, enfin les *en avant en bataille*.

Les formations composées sont celles qui s'opèrent au moyen de deux mouvements parfaitement tranchés ; l'un de ces mouvements est une formation, l'autre est un demi-tour qui précède ou qui suit la formation.

Les formations centrales sont celles qui se composent d'une formation simple et d'une formation composée ; la troupe exécutante se partage en deux fractions, chacune de ces fractions se rend, par une manœuvre particulière, à la place qu'elle doit occuper.

Les formations simples ne me fourniront que deux observations :

J'ai demandé, à l'école d'escadron, qu'un avertissement, qu'un commandement explicatif *demi à gauche* ou *demi à droite* fût ajouté au commandement *en avant en bataille*; j'ai dit pourquoi. Les raisons que j'ai fait valoir subsistent aux évolutions de régiment; je ne crains pas de dire qu'elles sont plus grandes, plus fortes de toute la différence qui existe entre le front d'un escadron et celui d'un régiment; car, si l'erreur commise par un chef de peloton bouleverse un escadron, l'erreur commise par un capitaine commandant met tout le régiment en désordre. Il y a donc nécessité pour le colonel d'ajouter un commandement explicatif à son commandement préparatoire *en avant en bataille*. Quel sera ce commandement? dirons-nous avec le major Itier, *vers la gauche* ou *vers la droite*, ou, comme l'a proposé le général Marbot, *par la gauche* ou *par la droite?* Je crois, sauf erreur, que le commandement *demi à gauche* ou *demi à droite* remplirait notre but; d'abord c'est celui que nous avons demandé pour les capitaines commandants; en second lieu, l'escadron de tête n'exécute-t-il pas la formation au moyen d'un demi à gauche ou à droite par peloton, les autres escadrons ne font-ils pas tête de colonne demi à gauche ou à droite?

Dans une manœuvre de corps d'armée, un général avait ordonné à un colonel de cavalerie de se former en avant en bataille, de charger une cavalerie ennemie imaginaire, se présentant de front; le colonel, au lieu d'agir avec promptitude, avait minutieusement aligné son régiment, puis, prenant son temps, espaçant ses commandements, avait commandé : *Escadrons en avant, guide à droite, marche au trot, marche,* etc.

Le général ne put s'empêcher de penser tout haut...

Ce fait et cette réflexion d'un général du premier empire : *La cavalerie doit arriver sur la nouvelle ligne avec la rapidité de la foudre, et la porter à l'instant même en avant,* m'ont suggéré ma deuxième proposition : Quand les formations en bataille s'exécuteront avec calme et précision, le régiment sera exercé à se porter en avant immédiatement après chaque formation, d'abord au pas et progressivement au trot et au galop.

Les formations composées, telles que nous les avons définies, sont les *sur la queue de la colonne* et *sur la tête de la colonne, face en arrière en bataille.*

Dans les formations de la première espèce, la colonne fait face en arrière avant de se mettre en bataille; c'est une manœuvre rationnelle : l'ennemi menace la queue de la colonne; quel

est le premier besoin ? C'est de faire face au danger, on fait demi-tour, on revient sur ses pas;
mais un régiment, pour combattre, ne doit pas
rester en colonne avec distance; on le forme
donc en bataille, et les fractions qui se trouvent
le plus près de l'ennemi sont justement celles
qui se trouvent formées les premières.

Est-il nécessaire d'exécuter cette formation
en un seul acte, et ne pourrait-on pas, afin d'ob-
tenir plus de précision et de régularité, d'un
acte en faire deux? Le colonel commanderait :
Peloton demi-tour à gauche ou *à droite, marche,*
et ensuite : *En avant en bataille, demi à droite*
ou *demi à gauche.* On perdrait un temps précieux,
c'est vrai, mais si les commandements préparatoires du colonel n'étaient plus répétés par les
chefs d'escadrons, ainsi que nous le demandons
plus loin, si le commandement *marche* était une
sonnerie, signal d'exécution pour la troupe, on
regagnerait presque le temps perdu. On se figure
que, dans le mode actuel d'exécution, le capitaine commandant de l'escadron de queue, de-
venu tête de colonne, peut toujours faire son
commandement préparatoire *en avant en bataille,*
de manière à commander *marche* aux trois quarts
de la conversion; c'est vrai, au pas; mais au trot
et au galop, c'est une utopie. La réalité, c'est

qu'aux allures vives, les pelotons font demi-tour
et ensuite demi à droite ou demi à gauche. Que
de fois j'ai vu du désordre dans ces mouvements!
Que serait-ce donc sur un champ de bataille?

Pour ces motifs et aussi en vue de ce principe : *Les mouvements doivent être aussi simples
que possible,* je crois devoir demander que la formation face en arrière sur la queue de la colonne
soit scindée en deux parties.

La formation face en arrière sur la tête de la
colonne a-t-elle la même utilité que l'évolution
précédente? Quand l'ennemi menace la queue
d'une colonne, est-il rationnel de commencer
par tourner le dos? Ah! ce serait faire la part
trop belle à ses adversaires; ce serait, pour me
servir d'une expression à la Bismarck, mettre
tous les atouts dans leur jeu.

Gardons-nous donc d'employer cette perfide
manœuvre à portée de la cavalerie. Alors faut-
il la supprimer au plus vite? Non; car le général
Dejean et quelques autres généraux de cavalerie
ont prétendu qu'elle pouvait être utile dans les
retraites pour s'établir de position en position.
Non; car elle va nous servir dans quelques mouvements centraux que nous sommes dans l'obli-
gation de conserver.

Passons aux détails d'exécution. Est-il bien

nécessaire de dire, dans le commandement préparatoire : *Sur la tête de la colonne?* en disant :
Sur la tête, on se ferait suffisamment com-
prendre.

Il est établi en principe que le demi-tour doit
s'exécuter du côté opposé à celui vers lequel on
s'est mis en bataille; on s'est formé en bataille
vers la droite, donc le demi-tour doit s'exécuter
à gauche; mais dans les mouvements centraux,
qui sont une application usuelle de cette évolution, le demi-tour s'exécute du côté vers lequel
on s'est mis en bataille; il est d'ailleurs impossible de faire autrement. La règle est noyée sous
un flot d'exceptions. Voyons si l'exception ne
pourrait pas devenir règle générale.

Quand on se forme en bataille vers la droite
ou vers la gauche, c'est qu'on a de ce côté le terrain nécessaire; on trouvera bien encore douze
mètres pour exécuter son demi-tour de ce même
côté. Sur le champ de bataille, on n'en est pas à
compter par tiers de mètre et même par mètre.

Dans les formations face en arrière sur la
tête, *le demi-tour final s'exécutera toujours du
côté vers lequel on s'est formé.* Je demande
aussi que le colonel ajoute à son commandement
préparatoire l'avertissement *demi à droite* ou *à
gauche;* il y a deux manières de faire, on peut

se tromper, écartons toutes les chances d'erreur.

On peut encore me faire l'objection suivante : Pourquoi, par analogie avec le mouvement sur la queue de la colonne face en arrière en bataille, ne faites-vous pas commander le colonel de la manière suivante : *En avant en bataille, demi à droite,* puis, le mouvement terminé : *Peloton demi-tour à droite* (toujours par le colonel)? La raison en est fort simple. Dans la formation sur la queue, après le demi-tour on fait face à l'ennemi, et les fractions qui se trouvent le plus près de l'ennemi sont les premières formées. Le contraire a lieu dans les formations sur la tête; on tourne d'abord le dos à l'ennemi; il est alors du plus grand intérêt que les fractions formées les premières se mettent face en tête le plus rapidement possible, ce qui n'aurait pas lieu si tout le régiment devait attendre le commandement du colonel pour exécuter son demi-tour final.

Il est donc nécessaire de commander : *Sur la tête face en arrière en bataille, demi à droite.*

J'ai défini les formations centrales. Dans ces formations, une portion de la troupe, celle qui devrait aborder l'ennemi la première, tourne le dos à cet ennemi, se forme toujours le dos tourné, se retourne enfin et revient sur ses pas. Ce serait parfait si ce n'était pas si dangereux... Aussi tous

les généraux qui savent la guerre proscrivent-
ils ces formations.

Je leur livre volontiers les *en avant en bataille*
sur un escadron du centre, les *face en arrière en
bataille* sur la queue d'un escadron du centre;
mais je demande grâce pour les mouvements *à
gauche,* et *en avant en bataille, à gauche,* et *sur
la tête de tel escadron, face en arrière en bataille,*
parce qu'on peut, à la guerre, en trouver le pla-
cement. D'ailleurs, comme je vais essayer de le
démontrer, ces mouvements ne sont pas aussi
dangereux qu'on pourrait le penser tout d'abord;
une colonne qui change de direction peut être,
pendant son mouvement, attaquée en tête ou en
queue par rapport à l'ancienne position, en tête
ou en queue par rapport à la nouvelle, c'est-à-
dire que l'ennemi peut se présenter en A B, en
C D, en E F ou en G H.

L'Ordonnance prévoit les deux premiers cas et donne les moyens d'y faire face; mais elle est muette sur les deux derniers, qui sont tout aussi possibles, car l'ennemi peut se présenter du côté où il trouve son avantage. D'ailleurs, ces cas non prévus se sont présentés.

Pour ne citer qu'un exemple, je dirai que, la veille de la bataille d'Austerlitz, le 3ᵉ hussards, colonel La Ferrière, marchant en colonne avec distance et changeant de direction à droite, fut attaqué en queue par rapport à la nouvelle direction. D'après notre figure, l'ennemi se présentait en G H. Le colonel avait arrêté sa colonne, puis, désignant par leurs numéros les escadrons non entrés dans la même direction, il leur avait commandé *à gauche en bataille*. Il avait ainsi immédiatement une force disponible à opposer à l'ennemi. Il avait ensuite, toujours en les désignant par leurs numéros, commandé aux escadrons entrés dans la nouvelle direction *pelotons, demi-tour à gauche, marche,* et *en avant en bataille, marche.* Le mouvement ne s'était probablement pas fait correctement, mais le but était atteint.

Si, en pareille circonstance, on opérait d'après cette donnée; si l'on convenait, par exemple : 1° que la fraction qui, par un simple quart de

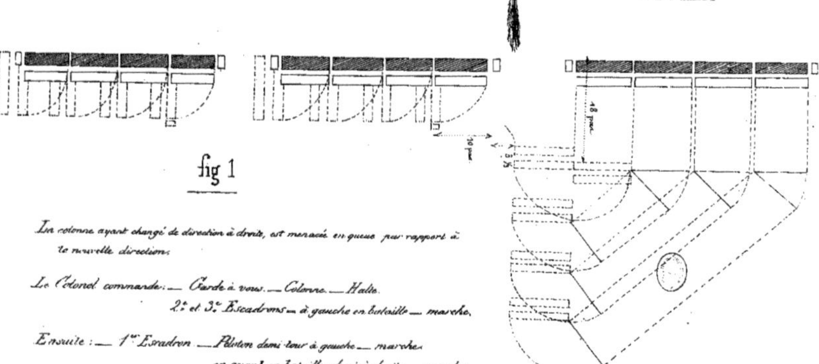

fig 1

La colonne ayant changé de direction à droite, est menacée en queue par rapport à
la nouvelle direction.

Le Colonel commande : — Garde à vous. — Colonne. — Halte.
          2ᵉ et 3ᵉ Escadrons — à gauche en bataille — marche.

Ensuite : — 1ᵉʳ Escadron — Peloton demi-tour à gauche — marche.
          en avant en bataille demi à droite — marche.

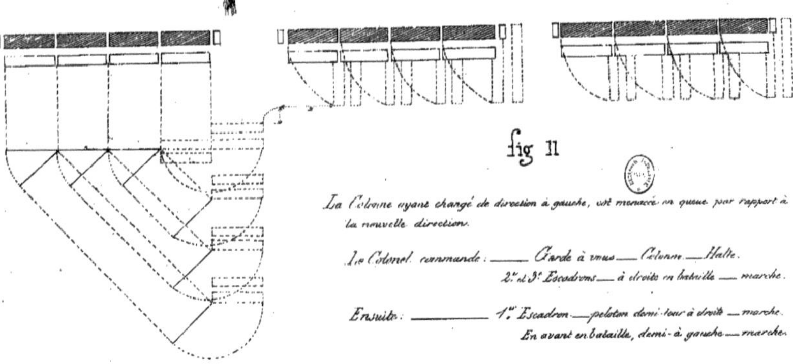

fig 11

La Colonne ayant changé de direction à gauche, est menacée en queue par rapport à la nouvelle direction.

Le Colonel commande : —— Garde à vous —— Colonne —— Halte.
2.me et 3.e Escadrons —— à droite en bataille —— marche.

Ensuite : —————— 1.er Escadron —— peloton demi-tour à droite —— marche.
En avant en bataille, demi-à gauche —— marche.

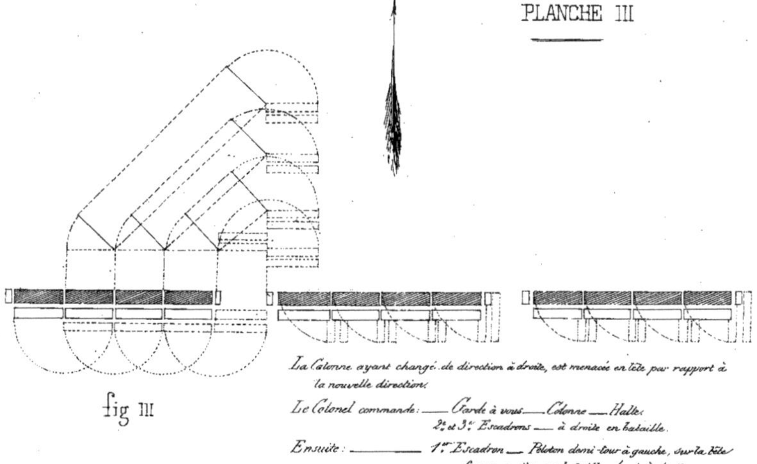

fig III

La Colonne ayant changé de direction à droite, est menacée en tête par rapport à la nouvelle direction.

Le Colonel commande : ――― Garde à vous ――― Colonne ――― Halte.
2ᵉ et 3ᵉ Escadrons ――― à droite en bataille.

Ensuite : ――――――― 1ᵉʳ Escadron ――― Peloton demi-tour à gauche, sur la tête face en arrière en bataille, demi à droite.

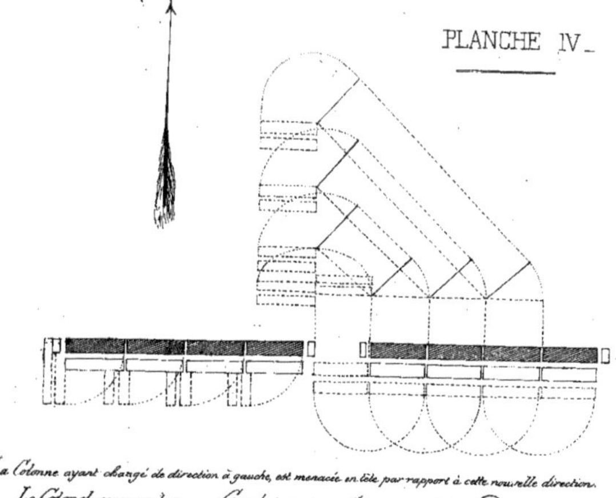

fig IV.

La Colonne ayant changé de direction à gauche, est menacée en tête par rapport à cette nouvelle direction.

Le Colonel commande : — Garde à vous — Colonne. — Halte

2ᵉ et 3ᵉ Escadrons : — à gauche en bataille.

1ᵉʳ Escadron : — Peloton demi tour à droite. — Sur la tête face en arrière en bataille. — demi à gauche.

conversion, peut faire face à l'ennemi exécuterait
son mouvement la première ; 2° qu'ensuite l'autre
fraction irait, d'après des commandements particuliers, se former sur l'alignement de la première ; 3° que dans chaque fraction les escadrons
seraient désignés chacun par son numéro, on aurait le moyen de parer aux deux éventualités
suivantes : faire face *en queue* et *en tête* par rapport à la nouvelle direction, soit qu'on ait tourné
à droite, soit qu'on ait tourné à gauche.

Chacune de ces éventualités se complique de
deux particularités : la colonne a-t-elle tourné à
droite ou à gauche ?

M'inspirant de la manœuvre exécutée si bril-
lamment par le colonel La Ferrière, j'examine-
rai, le compas à la main, les quatre évolutions
nécessitées par les quatre éventualités suivantes :

1° La colonne ayant changé de direction à
droite, est menacée en queue par rapport à la
nouvelle direction (*voir planche I*);

2° La colonne ayant changé de direction à gauche, est menacée en queue par rapport à la nouvelle direction (*voir planche II*) ;

3° La colonne ayant changé de direction à
droite, est menacée en tête par rapport à cette
nouvelle direction (*voir planche III*);

4° La colonne ayant changé de direction à gau-

che, est menacée en tête par rapport à cette nouvelle direction (*voir planche IV*).

Les commandements paraissent compliqués à
la lecture; mais sur le terrain, j'ai la conviction
qu'il est impossible de se tromper. On ne commandera jamais le demi-tour du côté intérieur;
l'avertissement pour la formation en bataille
sera aussi suggéré par la position de la troupe.

En résumé, les combinaisons proposées sont
pratiques, puisque l'une d'elles a été essayé pour
la première fois devant l'ennemi et qu'elle a
réussi. Les trois autres n'en sont, à vrai dire, que
des conséquences. Toutes sont sans danger,
puisque, soit qu'on doive faire face à l'intérieur
de l'angle, soit que l'on se tourne du côté de l'ex-
térieur, on peut toujours opposer à l'ennemi une
troupe formée instantanément, pour ainsi dire,
par un simple quart de conversion.

Si ce mode de scinder l'évolution en deux était
adopté, si les officiers compétents décidaient en
outre qu'il y a vraiment avantage à désigner
dans ces formations doubles les escadrons chacun par son numéro, je demanderais, en vue de
la simplicité, qu'il en fût de même dans les quatre cas prévus par l'Ordonnance.

Changements de front.— Je n'ai pas fait entrer les changements de front dans les formations composées, parce que ces changements de front se composent d'une rupture et d'une formation. On peut néanmoins en faire une famille de la classe : *colonne avec distance.*

Les genres de cette famille sont les changements de front perpendiculaires sur les ailes, les changements de front centraux.

Les changements de front sur les ailes sont de deux espèces. Les uns ont pour but de faire face au côté de la rupture : *changement de front sur l'aile droite* (ou gauche), *changement de front* (ordre inverse) *sur l'aile droite* (ou gauche). Les autres ont pour but de faire face au côté opposé à la rupture.

Quelle est l'utilité des premières ?

Une ligne de cavalerie est menacée en avant de la droite (ou de la gauche) par un certain nombre d'escadrons ennemis : *changement de front sur l'aile droite* (ou sur l'aile gauche).

L'ennemi se présente en arrière de cette aile droite (ou aile gauche) : *changement de front, ordre inverse, sur l'aile droite* (ou sur l'aile gauche).

On peut ainsi faire face à toutes les attaques tentées sur les flancs. L'utilité de ces changements de front est évidente même pour les personnes étrangères au métier. Les changements de front en arrière se trouvent-ils dans les mêmes conditions d'utilité ?

L'auteur du *Livret provisoire de commandements* (1826), qui a précédé nos évolutions de ligne, n'admettait pas les changements de front, ordre inverse. La ligne était-elle menacée en arrière de l'aile gauche, on exécutait un changement de front en arrière sur l'aile droite pour faire face du côté menacé. C'était nécessaire alors. Est-ce nécessaire pour nous, qui admettons si bien les mouvements ordre inverse, que nous ne prononçons même pas les mots si formidables autrefois : *Ordre inverse!*

L'ennemi se présente en arrière de l'aile gauche (ou de l'aile droite) : *changement de front, ordre inverse sur l'aile gauche* (ou sur l'aile droite).

Qu'on ne m'objecte pas qu'il peut se trouver des obstacles en arrière de l'aile gauche. S'il existe des obstacles, l'ennemi n'arrivera pas de ce côté, et la formation en arrière sur l'aile droite aura lieu en pure perte.

Quelque peine que j'éprouve à me séparer de ces vieux serviteurs, je congédie les changements de front en arrière.

Quant aux changements de front centraux,

lisons ce qui suit, et nous serons fixés sur leur compte.

« L'inconvénient des changements de front
» sur le centre est de nécessiter quatre mouve-
» ments et la marche des colonnes, ainsi que
» des formations en sens inverse les unes
» des autres, ce qui met l'ordre d'un régiment à
» la disposition, non-seulement d'un capitaine-
» commandant, mais d'un chef de peloton,
» même enfin d'une file d'encadrement. » (De
Brack, *Avant-postes.*)

« A la bataille de la Katzbach, la brigade de
» cavalerie légère du général Wathier, sur
» trois lignes, fut attaquée en arrière de son
» flanc droit par une brigade de cavalerie prus-
» sienne. Le régiment en troisième ligne fut
» culbuté avant d'avoir pris aucune disposition
» Le 23ᵉ chasseurs aurait eu le même sort, si
» son colonel se fût conformé à ce que prescri-
» vait l'Ordonnance d'alors, qui était de faire un
» changement de front à droite sur un peloton
» du centre, ce qui eût eu le grave inconvénient
» de placer le régiment sur une ligne débordée,
» et qui plus est, pour prendre cette ligne, il
» nous aurait fallu que les escadrons de droite
» commençassent par tourner le dos à l'ennemi,
» qui arrivait sur eux avec de grands cris, la

» lance en arrêt. Le colonel commande *pelotons à*
» *droite,* puis *en avant, ordre inverse, en bataille.*

» Le changement de front, ordre inverse se
» trouva ainsi exécuté, et le régiment se trouva
» formé face à l'ennemi, qui n'était plus qu'à
» cinquante pas. Nous l'enfonçâmes. » (Marbot,
Spectateur militaire.)

Le général de Brack, le général Marbot avaient
fait la guerre. Leurs opinions, du reste, sont
raisonnées, concluantes. J'ose donc demander la
suppression des changements de front centraux.

Comme les changements de front se composent de deux mouvements bien distincts, l'évolution pourrait se faire en deux actes ; mais
comme la rupture des pelotons doit toujours
avoir lieu du côté indiqué dans le commandement préparatoire, que l'avertissement demi à
droite (ou à gauche) doit, suivant nos principes,
être ajouté à ce commandement préparatoire,
et que surtout les changements de front doivent
s'exécuter avec la rapidité de l'éclair, il n'y a pas
lieu de scinder cette évolution.

RÉSUMÉ.

Suppressions. — 1° Rupture du régiment par

quatre, formation en bataille, marchant en colonne par quatre;

2° En avant, en bataille, sur un escadron du centre;

3° Changements de front en arrière, changements de front centraux, ces mouvements étant inutiles ou d'un emploi dangereux à la guerre;

4° Les mots *ordre inverse* sont bannis des évolutions de régiment, comme ils le sont déjà de l'école d'escadron;

La formation *sur la queue, face en arrière,* est conservée de fait; mais elle ne figure plus comme évolution particulière.

On commande *sur la tête, face en arrière, en bataille,* au lieu de *sur la tête de la colonne, face en arrière, en bataille.*

Additions. — 1° On donne à la colonne avec distance, changeant de direction, les moyens de faire face à une attaque dirigée en tête ou en queue par rapport à la nouvelle direction;

2° Les commandements : *en avant, en bataille, changement de front à droite et sur la tête, face en arrière, en bataille,* sont suivis de l'avertissement *demi à gauche* ou *demi à droite.*

Il est bien entendu que les modifications admises à l'école d'escadron appellent des modifications correspondantes pour les évolutions.

Ainsi le colonel commandera : *par la droite, par pelotons, rompez les escadrons*, et : *formez les escadrons, demi à gauche* ou *demi à droite*.

Colonne serrée. — Je viens de demander tant de suppressions, que j'éprouve le besoin de rassurer mes lecteurs et de leur dire : Je n'ai plus à proposer que des modifications de détails.

Lorsqu'on forme la colonne serrée sur un escadron du centre, il est de convention qu'absence d'indication veut dire *droite en tête*. Ainsi, *sur le 3ᵉ escadron, formez la colonne serrée*, veut dire : *sur le 3ᵉ escadron, la droite en tête, formez la colonne serrée*.

Pourquoi donc une convention qu'on peut oublier ? Quand on forme la colonne serrée sur un champ de bataille, c'est qu'on se croit hors de portée de la cavalerie ennemie. Alors le colonnel a bien le temps d'ajouter à son commandement préparatoire ces quatre mots : *la droite en tête*. Il faudrait bien, si l'on se formait la gauche en tête, commander : *sur le 3ᵉ escadron* (par exemple), *la gauche en tête, formez la colonne serrée*.

Dans le passage de la colonne serrée à la colonne avec distance, le colonel commandera : *par la droite* (ou par la gauche), *par pelotons, rompez les escadrons;* et pour reprendre l'ordre en colonne serrée : *formez les escadrons, demi à gauche (ou demi à droite).*

On fait à la colonne serrée les trois reproches suivants : 1° de ne pouvoir faire face à l'ennemi qu'après un long mouvement de déploiement exécuté sur le front de l'un ses escadrons, ou bien, après une formation toujours très-longue, sur ses flancs ou le prolongement en avant de ses flancs ; 2° de ne pouvoir exécuter ces déploiements ou ces formations, si la marche est arrêtée par une attaque dirigée sur son escadron de tête en même temps que ses flancs sont menacés ; 3° de n'avoir pas, pour se déployer en arrière, une formation normale et usitée.

Ces trois reproches sont fondés.

Le premier s'évanouirait si, par un commandement consacré, la colonne serrée pouvait se transformer en colonne d'escadrons avec distance entière. Qui empêcherait de commander : *escadrons par la queue* (ou *par la tête,* dans certains cas), *prenez vos distances ?* L'exécution ne serait pas difficile. Moyennant cette adoption, ou plutôt cette addition, le colonel se servirait de sa colonne serrée comme on se sert d'une longue vue qu'on met à son point.

Il peut arriver qu'une colonne serrée, me-

nacée sur un de ses flancs et arrêtée par une
attaque dirigée sur sa tête, se trouve dans l'im-
possibilité de s'allonger en colonne par escadrons. Il s'agit alors ou de se tirer d'affaire ou
de se faire écraser. Que faire ? Imiter ce chef
d'escadrons de chasseurs qui, à la bataille
d'Esling, se trouvant dans une position analo-
gue à celle que je suppose, fit sortir ses quatriè-
mes pelotons, en formant une ligne telle quelle,
et la mena ventre à terre à l'ennemi. Non, car,
de l'avis d'un témoin oculaire, ce chef d'escadrons
n'avait réussi dans sa charge que parce qu'il
avait affaire à une espèce de landwehr à cheval.

Ne pourrait-on pas commander : *pelotons à
droite* (ou *à gauche*), *au trot, marche, en avant;*
dans chaque escadron, *tête de colonne demi à
gauche?* Quand on aurait gagné à gauche ou à
droite le front d'un escadron, on commanderait :
premier escadron, tête de colonne demi à droite
(ou *demi à gauche*); et l'escadron redressé, il ne
resterait plus qu'à commander successivement,
*formez les escadrons, demi à droite, au galop,
marche.*

La combinaison que je propose n'est peut-
être pas la meilleure, mais elle est pratique et ne
demande pas de moyens étrangers à l'Ordonnance. C'est une espèce de formation *en avant*

en bataille, seulement on se forme du côté opposé à celui vers lequel on a obliqué. Il faut une manœuvre qui réponde à la nécessité que nous faisons toucher : qu'on veuille en adopter une, qu'on la pratique, que tous les officiers la connaissent voilà simplement ce que nous désirons.

Le troisième reproche n'a pas, à mes yeux, la même gravité que les deux autres; car sans sortir des sentiers tracés, on peut se tirer d'embarras; seulement il faudrait que la combinaison à employer fût consacrée par une décision.

On commanderait, par exemple : *en arrière, déployez la colonne; pelotons, à gauche* (ou *à droite*).

Le 4ᵉ (ou le 1ᵉʳ) escadron exécuterait une *contre-marche par peloton* du côté opposé à celui indiqué pour le déploiement; les autres feraient *pelotons à gauche* (ou *à droite*), et le mouvement s'achèverait par une formation *sur la gauche en bataille* (ou *sur la droite en bataille*).

J'ai dit plus haut qu'on emploierait une contre-marche par peloton; et cette vénérable contre-marche par file?

Elle a été reconnue inutile, puisque tous les régiments emploie la contre-marche par pelotons, qui n'a pas demandé, mais qui a pris droit de cité. Régularisons sa position, car son utilité est incontestable.

Dans les déploiements sur les ailes, je demande qu'on indique toujours le mouvement que doivent faire les escadrons qui se déploient. On commandera : *sur le 1er escadron, déployez la colonne ; pelotons à gauche, marche.*

Les déploiements centraux ne doivent jamais, d'après l'Ordonnance, s'exécuter en ordre inverse. Y a-t-il nécessité de faire un commandement explicatif ?

Les capitaines commandants peuvent se figurer le mouvement, voir leur place, se dire sans calcul mental : « Je serai à la droite ou à la gauche de l'escadron désigné. » Les erreurs ne sont pas à craindre : donc, pas de commandement explicatif.

Résumé :

La colonne serrée doit, pour les motifs énoncés, pouvoir : 1° se tranformer en colonne d'escadrons à distance entière ; 2° se former à droite ou à gauche, quand elle est menacée sur un de ses flancs et attaquée sur sa tête, ou arrêtée par un obstacle quelconque ; 3° se déployer en arrière.

Nous proposons des combinaisons pour satisfaire à ces trois nécessités.

Nous demandons aussi : 1° que le commandement : *formez la colonne serrée* soit toujours
précédé de ces mots : *la droite* (ou *la gauche*) *en
tête;* 2° que, dans le déploiement sur l'escadron
de tête ou de queue, le commandement préparatoire soit suivi du commandement explicatif :
pelotons, à gauche (ou *à droite*).

Marche en bataille. — La marche en bataille
d'un régiment de quatre escadrons ne s'effectue
pas aussi facilement qu'on peut le supposer : le
plus petit obstacle, un fossé, une haie suffit
pour l'arrêter.

Aussi a-t-on, dans ces derniers temps, préco-
nisé la disposition suivante, qui jouit des avantages de l'ordre en bataille et de ceux de la colonne avec distance :

Les escadrons, tout en continuant de marcher à la même hauteur, sont ployés en colonne
avec distance, comme dans le passage de la ligne en avant.

Les intervalles sont observés ; on ne cesse pas
de marcher en bataille, car, en moins de temps
qu'il n'en faut pour l'écrire, les escadrons peuvent être reformés : *formez les escadrons, demi
à gauche* (ou *demi à droite*), *au trot* (ou *au galop,*)
marche.

Chaque colonne marchant sur un front de *douze* mètres peut éviter les obstacles et passer partout.

Quels larges intervalles sont ouverts, entre les colonnes d'escadron , soit au passage de l'artillerie, soit à l'écoulement de l'artillerie en retraite !

A Waterloo, plusieurs colonels de cavalerie avaient d'instinct ployé leurs escadrons, afin de se frayer un chemin au travers de l'infanterie débandée. (Jacquinot de Presles.)

Un but de 12 mètres offrira moins de prise à l'artillerie qu'un front de 50 mètres, avantage qui n'est pas à dédaigner.

Puisse donc cette disposition devenir familière à notre cavalerie !

Échelons. — Je ne parlerai pas des ressources variées que les échelons procurent aux tacticiens qui savent les manier ; je demanderai seulement que les distances établies, bien entendu, entre les échelons, puissent, par un simple commandement, être augmentées ou diminuées : *par la droite* ou *par la gauche* (par exemple), *prenez double* ou *demi-distance, marche*.

Passage du défilé. — Le général Marbot dé-

clare que pendant quinze campagnes (et quelles
campagnes!) il n'a jamais vu exécuter le passage du défilé en colonne double, comme le
prescrit l'Ordonnance. Il n'a jamais entendu dire
que ce mouvement ait été exécuté.

L'auteur du *Livret provisoire* (1826) avoue
que le passage du défilé s'opère presque toujours en colonne simple. Le bon sens n'indique-
t-il pas en effet qu'accoupler deux pelotons
d'escadrons différents, c'est s'exposer, à la guerre,
à un désordre toujours possible, souvent inévi-
table. Si le défilé permet à deux pelotons de passer de front, qu'on rompe par division. Pourquoi pas? La colonne par division a ses avantages, et je trouve qu'on devrait se servir plus
souvent de cet ordre de colonne.

Passage de la ligne. — Ne serait-il pas plus
simple de substituer au commandement : *passage de la ligne en avant par colonnes*, le commandement suivant : *pelotons à droite*, et *dans
chaque escadron tête de colonne à gauche?*

Les capitaines voient bien qu'ils ont une ligne devant eux.

Résumé :

J'ai demandé : 1° l'emploi fréquent de la marche en ligne par colonne d'escadrons rompus

par pelotons ; 2° un commandement pour éloigner ou rapprocher les échelons; 3° la suppression de la colonne double pour le passage du défilé ; 4° la substitution du commandement : *pelotons à droite,* et *dans chaque escadron tête de colonne à gauche,* à celui-ci, qui ne précise pas assez le mouvement : *passage de la ligne en avant par colonne.*

Toutes ces modifications sont bien peu de chose.

Je termine mon examen des évolutions par une observation générale.

Qui de nous n'a pas remarqué l'insignifiance ou plutôt la nullité du rôle attribué aux chefs d'escadrons dans les manœuvres?

Les officiers supérieurs sont de simple portevoix; ils sont pour ainsi dire étrangers à ce qui se passe autour d'eux. Je voudrais que les commandements ne fussent répétés par les chefs d'escadrons que dans un seul cas; celui où les escadrons qu'ils commandent auront été placés sous leur commandement par une mention spéciale, pour ainsi dire. Ainsi, quand, aux évolutions de ligne, le colonel commandera : *demi-régiment, par la droite, en avant par échelon,* les chefs d'escadrons commanderont, l'un : 1ᵉʳ et 2ᵉ *escadrons, en avant,* l'autre : 3ᵉ et 4ᵉ...., etc.

Ils traduiront également ou répéteront les commandements applicables à l'échelon qu'ils commandent.

Hormis ce cas, les chefs d'escadrons surveilleront l'exécution des mouvements, redresseront les erreurs commises, rectifieront les fautes faites par les capitaines commandants.

ARTICLE IV.

ÉVOLUTIONS DE LIGNE.

Les modifications, les suppressions et les additions que nous avons demandées, soit pour
l'escadron, soit pour le régiment, exigent des
changements analogues dans les évolutions de
ligne.

Qu'on veuille se reporter aux évolutions de
régiment, et qu'on substitue dans quelques cas
le mot régiment à celui d'escadron, on aura la
plus grande partie des proportions relatives aux
évolutions de ligne.

Quant aux autres idées que je vais développer,
elles ont été puisées dans les différentes bro-
chures qui ont été publiées à l'apparition, soit

du Livret provisoire de 1826, soit de l'Ordonnance de 1829.

Peut-on trouver un mouvement plus compliqué que la formation de la colonne serrée sur un escadron du centre (sur le 1er escadron de la 2e brigade)? Le régiment auquel appartient l'escadron de formation se place comme il est prescrit aux évolutions de régiment. Le régiment qui doit venir se placer immédiatement en avant de cet escadron de formation, se conforme aussi aux principes adoptés. Mais pour les deux autres régiments, il a été créé des principes nouveaux. Dans le premier régiment, le 6e escadron fait son mouvement au pas; les cinq autres escadrons prennent le trot pour se porter à hauteur, et alors les six escadrons se placent dans la main de leur colonel; de sorte que le ploiement, qui avait commencé par un mouvement individuel des escadrons, s'achève par un mouvement d'ensemble.

Dans le 4e régiment, les choses se passent de la même façon; les escadrons agissent, le 1er, comme le 6e du premier régiment, les cinq derniers comme les cinq premiers de ce même premier régiment.

Si l'évolution se fait au trot (ou au galop), les complications augmentent. Le 6e escadron du

1ᵉʳ régiment, le 1ᵉʳ du 4ᵉ régiment partent
au pas (ou au trot), les autres prennent le trot
(ou le galop) pour se porter à hauteur de leur
6ᵉ ou de leur 1ᵉʳ escadron, et quand ils y sont
arrivés, leurs colonels respectifs commandent
au trot (ou au galop).

C'est à s'y perdre!

Toutes ces complications disparaissent si on
laisse aux escadrons leur liberté de manœuvre,
si chacun se dirige pour son compte vers la place
qu'il doit occuper, en un mot, s'ils prennent successivement place dans la colonne. Partis de
plus ou moins loin, il n'est pas naturel qu'ils
arrivent tous ensemble.

Au point de vue de la simplicité, je demande
une réforme; je la demande aussi au point de
vue de la guerre.

Qu'arriverait-il aux six escadrons du premier
régiment, aux six escadrons du quatrième, si,
pendant qu'ils marchent en diagonale tous à la
même hauteur, ils étaient assaillis sur leur flanc
droit ?

Qu'on ne me dise pas que la chose est impossible, car à Eckmülh, la cavalerie autrichienne
fut chargée par la cavalerie bavaroise au moment où elle se formait en colonne serrée sur un
escadron du centre. Les escadrons autrichiens,

au lieu d'être groupés, comme le veut notre Ordonnance, étaient disposés par échelons (conformément à leur règlement); ils purent faire face à l'ennemi par un simple mouvement de peloton.

Pourquoi n'adopterions-nous pas une méthode qui a fait ses preuves? Les Romains ne prenaient-ils pas aux peuples vaincus les mouvements militaires qui leur paraissaient avantageux?

Dans les évolutions de ligne, les régiments sont au général de division ce que les escadrons d'un régiment sont à leur colonel; c'est ce qui ressort de l'esprit des manœuvres de ligne. S'il en est ainsi, pourquoi les régiments endivisionnés ne prendraient-ils pas, pendant le temps de leur réunion, des numéros d'ordre permanents, invariables? Pourquoi ne dirait-on pas le 3ᵉ régiment, le 4ᵉ régiment, au lieu de dire le 1ᵉʳ, le 2ᵉ régiment de la 2ᵉ brigade? S'il en est ainsi, si pour les manœuvres, le régiment devient, non pas l'unité tactique, mais une agglomération distincte, si l'on écarte, dans les commandements toute idée de brigade, les généraux de brigade et les colonels deviennent pour le général de division, ce que les chefs d'escadrons et les capitaines sont à leur colonel.

Dans un régiment, quand on commande *en avant en bataille*, les chefs d'escadrons ne commandent pas *tête de colonne demi à gaucho*, chaque escadron s'en va, pour son propre compte, prendre la place qui lui est assignée. Pourquoi n'en serait-il pas de même des régiments? Dans les en avant en bataille (ou dans les évolutions qui comportent un en avant en bataille) le 4ᵉ ou le 1ᵉʳ régiment ferait tête de colonne demi à gauche (ou demi à droite) pour son compte et se redresserait au commandement de son colonel·

Tel est le seul changement que ce nouveau principe introduirait dans l'Ordonnance,

S'il est admis que les généraux de brigade remplissent pour deux régiments le même rôle que les chefs d'escadrons pour deux escadrons, pourquoi ne pas établir en principe que les généraux de brigade ne feront de commandements que lorsque leur brigade sera, par une mention spéciale, placée sous leur commandement.

Exemple : *Sur la première brigade, par brigade, en masse déployez la colonne.*

Brigades en avant ou en retraite par échelons.

Ou bien encore, la division étant sur deux lignes, la deuxième ligne se trouve de fait isolée sous les ordres de son chef.

J'ai déjà proposé de ne plus faire répéter les

commandements par les chefs d'escadrons; si les généraux de brigade, eux aussi, ne commandent que dans de rares circonstances, le temps que met le commandement du général de division pour arriver à la troupe est diminué des deux cinquièmes, puisque sur cinq commandements, il ne s'en fait plus que trois.

Examinons les objections.

Le rôle des généraux de brigade sera considérablement amoindri. Pourquoi? N'ayant plus de commandements à faire, leur rôle sera réduit à zéro? Nullement. Les fonctions qui leur seraient attribuées seraient plus importantes que celles qui leur sont dévolues : ils surveilleraient, rectifieraient, et je vous assure qu'ils auraient à faire.

Quand le général de division voudra faire exécuter certains mouvements qui demandent deux formations; comme *à droite et en avant en bataille,* il aura les généraux de brigade sous la main, il pourra les déplacer, s'en servir utilement, en un mot.

Mais si les généraux de brigade ne répètent plus les commandements du général de division, comment feront les colonels, qui sont placés trop loin pour entendre ces commandements? Je répondrai que la place du général de division n'est

pas fixée d'une manière invariable et qu'il peut
se porter partout où il juge sa présence nécessaire. Il peut donc se rapprocher de ses régiments en raison directe de la faiblesse de sa voix,
en raison directe des bruits du champ de bataille.

De plus, il pourra, ainsi que le prouve le chapitre suivant, faire manœuvrer sa division aux
sonneries.

DES COMMANDEMENTS-SONNERIES.

Lorsqu'un peloton est disposé en tirailleurs
les cavaliers, comme nous le savons tous, n'en-
tendent plus la voix de leur chef; des signaux
qu'ils connaissent, qu'on a soigneusement gra-
vés dans leur oreille, dans leur mémoire, leur
indiquent s'ils doivent marcher, arrêter, se reti-
rer, tourner à droite ou à gauche, commencer
ou cesser le feu.

Cette méthode, reconnue bonne pour un certain nombre d'hommes agissant isolément, ne
pourrait-elle pas être appliquée à un régiment,
à une brigade, à une division? Ne pourrait-on
pas graver dans la mémoire des capitaines
commandants, des colonels, des généraux, un

certain nombre de sonneries simples, un certain nombre de conventions réglant l'application des sonneries? En un mot, ces officiers ne pourraient-ils pas apprendre un langage de convention dont les sons de la trompette constitueraient les mots? A la chasse à courre, n'exprime-t-on pas, au moyen de la trompe, les péripéties de l'action : le lancer, le bien-aller, le débûcher, l'hallali? Les chasseurs ne s'y trompent pas.

Dans un régiment manœuvrant isolément, les capitaines commandants traduiraient en commandements les sonneries de leur colonel, ou, pour m'exprimer plus clairement, les sonneries faites par le trompette qui suit le colonel.

Dans une brigade, dans une division, la traduction des sonneries en commandements serait faite par les colonels. *Mais* les capitaines et les colonels pourraient se tromper... S'ils se trompent on les redressera; ce sera pour les premiers l'affaire des chefs d'escadrons ; pour les seconds celle des généraux de brigade. Avec quelques jours d'habitude, on ne se trompera plus et les hommes eux-mêmes traduiront les sonneries.

Les employés des lignes télégraphiques acquièrent en peu de temps une habileté surprenante à transmettre les dépêches, ce qui n'est pas chose facile, et des capitaines, des officiers supérieurs ne pourraient pas traduire en langage ordinaire une vingtaine de sonneries? Je ne veux même pas supposer qu'ils soient au-dessous de cette tâche presque mécanique.

Votre idée est séduisante; mais comment l'appliquez-vous? C'est ce que je vais vous dire le plus simplement possible.

Sonneries. — Dans l'Ordonnance, il y a douze sonneries principales : *en avant, en retraite, halte, à droite, à gauche, demi-tour, au pas, au trot, au galop, le boute-charge, la charge, le ralliement.*

Je prends, pour former mon code de signaux, cinq de ces sonneries : *en avant, à droite, à gauche, demi-tour, en retraite.*

Je me servirai au besoin des sept autres sonneries : *halte, au pas, au trot, au galop, le boute-charge,* etc.; mais elles conserveront leur signification propre, seront employées isolément, et ne seront pas à proprement parler, parties intégrantes du système.

Aux cinq premières sonneries j'ajouterai les suivantes : *en bataille, en colonne serrée, en échelons, par peloton, par escadron, par régiment, par brigade, guide à..., changement de direction,* drenez vos distances, demi; j'emploierai *un coup de langue* pour dire *premier, deux coups de langue* pour dire *second,* et ainsi de suite, et j'aurai tous les éléments pour exprimer, pour faire tous les commandements préparatoires.

Enfin, il me faudra une sonnerie d'exécution (*marche*); mais comme ses compagnes *halte, au pas,* etc..., cette sonnerie sera toujours employée isolément, et n'entrera pas dans le langage à créer.

Les sonneries dont j'ai besoin seront courtes, expressives, prises dans les refrains les plus populaires, les plus connus. Par exemple, la sonnerie « *Roule ta bosse, tout est payé,* » correspondrait au commandement *marche.*

Il faut prouver ce que j'ai avancé; à savoir qu'avec mes *seize* sonneries, cinq prises à l'Ordonnance, onze à créer et mes *coups de langue,* je puis composer tous les commandements préparatoires.

Nous suivrons pour notre démonstration l'ordre que nous avons avons adopté pour l'examen des évolutions.

Colonne avec distance;

Colonne serrée;

Marche en bataille.

Colonne avec distance. — Passer de l'ordre en

bataille à l'ordre en colonne avec distance, sonneries : *peloton, 1 — à droite, 2* (ou *à gauche*).

Changement de direction, sonneries : *changement de direction, 1 — à droite, 2* (ou *à
gauche*).

Former le régiment en bataille sur l'un de ses
flancs, sonneries : *en bataille, 1 — à gauche, 2*
(ou *à droite*).

Former le régiment en bataille en avant d'un
de ses flancs, sonneries : *en bataille, 1 — à droite,
2* (ou *à gauche*), *en avant, 3.*

(La formation sur la droite en bataille n'a-t-
elle pas pour but de se former à droite et de ga-
gner du terrain en avant du flanc sur lequel on
se forme ?)

Former le régiment en avant en bataille, sonneries : *en bataille, 1 — en avant, 2 — demi, 3 —
à gauche, 4* (ou *demi — à droite*).

(Nous savons que nous avons deux sonneries,
une pour demi, une pour gauche ou droite.)

Former le régiment en arrière en bataille sur
la queue de la colonne, sonneries : *demi-tour, 1
— à gauche, 2* (ou *à droite*) *— marche, 3 — halte, 4
— en bataille, 5 — en avant, 6 — demi, 7 — à
gauche, 8* (ou *à droite*).

Former le régiment face en arrière en bataille
sur la tête de la colonne, sonneries : *en ba-*

taille, 1 — *en avant,* 2 — *demi-tour,* 3 — *demi,* 4
— *à droite,* 5 (ou *à gauche*).

Qu'est-ce que cette formation : Un en avant en
bataille et un demi-tour ensuite ? C'est comme
si l'on disait aux escadrons : « Vous allez vous
former en bataille en avant, puis vous ferez
demi-tour ; allez vers votre droite. »

Changement de front, sonneries : *en bataille,* 1
— *à droite,* 2 — *demi,* 3 — *à gauche,* 4 (ou *à
droite*).

Vous êtes en bataille, on vous dit : « Mettez-
vous en bataille pour faire face à droite, vous
vous formerez vers la gauche. »

Mouvements centraux.

Le régiment doit faire face à gauche et en avant
en bataille ; ce sont les escadrons de droite qui
doivent se mettre en bataille à gauche, sonneries :
escadron, 1 — 1er, 2 — 2e, 3 (un coup de langue,
deux coups de langue) — *en bataille,* 4 — *à gauche,* 5 — *escadron,* 6 — 3e 7 — 4e, 8 — *en bataille,* 9 — *en avant,* 10 — *demi,* 11 — *à gauche,* 12.

Colonne serrée. — Former la colonne serrée
face à droite, sonneries : *escadron,* 1 — *à droite,* 2
— *colonne serrée.*

Formation de la colonne serrée sur un escadron
du centre (sur le 2e, par exemple), sonneries :

colonne serrée, 1 — guide, 2 — à gauche, 3 —
escadron, 4 — 2ᵉ, 5.

Qu'est-ce qu'une colonne serrée avec le guide à gauche ? c'est une colonne serrée qui a la droite en tête. — Pourquoi désigne-t-on l'escadron 2ᵉ? parce que c'est celui sur lequel on se forme. Les sonneries sont faites dans un ordre diamétralement opposé à celui dans lequel seront prononcées les différentes parties du commandement, c'est vrai ; mais je crois avoir suivi l'ordre logique des idées. Nous allons nous former en colonne serrée, de quelle espèce? avec la droite en tête. Comment la formerons-nous ? sur le 2ᵉ escadron. La traduction ne sera pas difficile pour les capitaines commandants.

Passer de l'ordre en colonne serrée à l'ordre en colonne avec distance, sonneries : *par peloton, 1 — guide, 2 — à gauche, 3 —* (ou *à droite*).

On va marcher par peloton, avec le guide à gauche, c'est-à-dire la droite en tête ; l'officier le moins intelligent comprendra qu'il faut rompre par la droite.

Passer de l'ordre en colonne avec distance à l'ordre en colonne serrée, sonneries ; *colonne serrée, 1 — demi, 2 — à gauche, 3* (ou *à droite*).

On va reprendre l'ordre en colonne serrée, et pour cela, on va se former par demi à gauche.

Se former, comment? évidemment par escadron puisque l'on doit se trouver en colonne serrée.

Passer de l'ordre en colonne serrée à l'ordre en colonne par escadron à distance entière, sonneries ; *prenez vos distances, 1 — en avant, 2 —* ou *demi tour, 1 — à droite* (ou *à gauche*), 2.

Changer de direction étant de pied ferme, sonneries : *changement de direction, 1 — à gauche* (ou *à droite*), 2.

Former la colonne serrée en bataille sur l'un de ses flancs, sonneries : *en bataille, 1 — à gauche,* (ou *à droite, 2* .

Tous les officiers (du moins ceux qui commandent) savent bien que la colonne serrée ne peut se former à gauche ou à droite en bataille que par la queue.

Former la colonne serrée en bataille sur le prolongement et en avant d'un de ses flancs, sonneries : *en bataille, 1 — à droite* (ou *à gauche*), *2—en avant, 3.*

Pour la formation sur l'un de ses flancs, quand la tête de la colonne se trouve arrêtée, sonneries : *peloton, 1 — à gauche* (ou *à droite*), *2 — escadron, 3 — changement de direction, 4 — demi, 5 — à gauche, 6 — marche, 7. —* Puis : *en bataille, 1 — demi, 2 — à droite, 3.*

Pour le déploiement en arrière, sonneries : *en*

bataille, *1 — demi tour, 2 — peloton, 3, — à gauche* (ou à *droite*), *4.*

Déployer sur un des escadrons des ailes, sonneries : *en bataille, 1 — en avant, 2 — escadron, 3 — Ier, 4 — peloton, 5 — à gauche* (ou à *droite*), *6.*

Qu'est-ce qu'un déploiement? N'est-ce pas une formation en avant en bataille exécutée d'une certaine façon?

Déployer sur un escadron du centre, sonneries : *en bataille, 1 — en avant, 2 — escadron, 3 — III, 4.*

Il est inutile d'indiquer de quel côté doit se faire le déploiement, puisque les déploiements centraux ont lieu dans l'ordre naturel.

Déploiement en échelons, sonneries : *en bataille, 1 — en avant, 2 — par échelon, 3 — escadron, 4 — I (ou IV), 5 — peloton, 6 — à gauche (ou à droite), 7.*

Marche en bataille, sonneries : *en avant, 1 — guide, 2 — à droite, 3.*

Vous ne faites pas le commandement : escadron? Non, parce qu'il est inutile. En effet, si on commande en avant, chacun ne sait-il pas qu'il doit au commandement, marche, marcher droit devant lui? Or, on est en bataille, on se portera en bataille, en avant.

Changement de front oblique, sonneries : *en bataille,* 1 — *demi,* 2 — *à droite,* 3 — *par escadron,* 4.

Nous sommes en ligne ; nous allons prendre une autre ligne qui sera oblique à droite, par escadron, le mouvement se fera par escadron.

Marcher en échelons, sonneries : *en échelons,* 1 — *en avant,* 2 — *guide à droite* (ou *à gauche*), 3 — *prenez vos distances,* 4.

Quand les escadrons ont le guide à droite, c'est que l'escadron de droite est en tête.

Changer l'ordre des échelons, sonneries : *en échelons,* 1 — *guide,* 2 — *à gauche,* 3.

On sait qu'on est à distance entière, on ne fait pas d'indication relative à la distance, on prendra donc, sans indication, la distance entière.

Rétrograder par échelons : *en retraite,* 1 — *par échelons,* 2 — *demi-tour,* 3 — *à gauche,* 4 — *prenez vos distances,* 5 — (c'est-à-dire à distance entière).

On le voit par ce simple exposé, un colonel, un général de brigade, au moyen de 15 sonneries, pourra faire tous les commandements préparatoires, car la sonnerie signifiant brigade ne sert pas aux évolutions du régiment, ni aux évolutions de brigade.

Avec une sonnerie de plus, la sonnerie *par*

brigade, la général de division pourra, lui aussi, faire tous les commandements préparatoires. En effet, les commandements préparatoires, relatifs à la classe colonne avec distance, sont les mêmes qu'aux évolutions de régiment. Dans les mouvements centraux, compris dans cette même classe, par exemple dans celui-ci : *A droite et face en arrière en bataille,* les régiments qui doivent faire à droite seront désignés au moyen de la sonnerie régiment et des coups de langue, de même pour ceux qui devront faire face en arrière en bataille.

Pour la colonne serrée, certains commandements de l'ordonnance doivent être changés, en vertu de ce principe que, pour le général de division, il n'y a pas de brigade, il n'y a que des régiments.

Il nous semble aussi que jamais le général de division ne devrait désigner un escadron comme base de formation, car l'Ordonnance dit que les mouvements qui doivent s'exécuter sur le centre, doivent être commandés autant que possible, la pratique dit toujours, sur l'un des escadrons des ailes du régiment base de formation.

Tirant de ces principes les conséquences qu'ils comportent, nous ferions commander au général de division : *sur le 3ᵉ régiment, la droite en tête, formez la colonne serrée ;* au lieu de : *sur le 1ᵉʳ escadron de la 2ᵉ brigade, formez la colonne serrée.* — Le colonel du 3ᵉ régiment, sachant qu'il doit avoir la droite en tête, saura bien que c'est sur son premier escadron que le ploiement doit s'effectuer.

Les sonneries seraient :

*En colonne serrée, 1 — guide, 2 — à gauche, 3 — régiment, 4 — III*ᵉ, 5.

La division étant déployée par régiment en masse, pour former la colonne serrée sur le premier régiment (ou sur tout autre), le général commanderait : *sur le 1*ᵉʳ *régiment* (ou *sur le 3*ᵉ), *formez la colonne serrée — la droite* (ou *la gauche) en tête,* au lieu de : *sur le 1*ᵉʳ *régiment de la 1*ʳᵉ *brigade* (ou *sur le 1*ᵉʳ *de la 2*ᵉ *brigade) formez la colonne serrée.*

Sonneries : *En colonne serrée, 1 — guide, 2 — à gauche, 3 — régiment, 4 — 1*ᵉʳ, *5* (ou III*ᵉ).

Pour les déploiements sur les ailes, il serait commandé : *sur le 1*ᵉʳ (ou *sur le 4*ᵉ) *régiment, déployez la colonne, pelotons à gauche,* au lieu de : *sur le 1*ᵉʳ *escadron de la 1*ʳᵉ *brigade (*ou *sur le dernier escadron de la 2*ᵉ *brigade) déployez la colonne.*

Le colonel du 1ᵉʳ régiment (ou du 4ᵉ) saurait bien d'après le commandement peloton à gauche (ou à droite), que c'est sur son premier (ou sur son dernier) qu'on doit se déployer.

Il serait sonné : *en bataille, 1* — *en avant, 2* — *régiment, 3* — I, *4* (ou IV) — *peloton, 5* — *à gauche* (ou *à droite)*, 6.

Déploiements centraux, mêmes modifications : *sur le 3ᵉ régiment déployez la colonne*, au lieu de : *sur le 1ᵉʳ escadron de la 2ᵉ brigade déployez la colonne.*

Déploiements par régiment (ou *par brigade*), *en masse.* On commanderait : *par régiment* (ou *par brigade*), *en masse, sur tel régiment* (1, 2, 3 4) ou *sur telle brigade* (1, 2) *déployez la colonne.*

S'il s'agissait d'un déploiement sur une des ailes, on ajouterait : pelotons à gauche (ou à droite).

Les sonneries seraient : *en bataille, 1* — *en avant, 2* — *par régiment* (ou *par brigade*), *3. En colonne serrée, 4,* pour un déploiement sur une des ailes on ajouterait : *peloton, 1* — *à gauche,* (ou *à droite*), 2.

Ainsi que le prouvent les exemples qui précèdent, les commandements préparatoires particuliers aux évolutions de ligne peuvent être aussi traduits par des sonneries.

Vous avez tout prévu, me dira-t-on, et vous avez oublié le commandement : « garde à vous !»

Le commandement : garde à vous, pour un régiment, pour une brigade, pour une division ; ce sera le refrain du régiment, de la brigade, de la division. Cette sonnerie ne sera pas employéé à tout propos, on ne s'en servira que pour faire appel à l'attention ; vous êtes au repos, la sonnerie repart, « prêtons attention, on va manœuvrer. »

L'idée que nous avons émise est pratique, nous le croyons, jusqu'à preuve contraire.

Resterait à créer : 1° le code de sonneries demandées.

2° A rédiger une instruction détaillée pour la mise en pratique du système.

Si l'on me posait cette question : quel serait l'avantage de votre méthode ? je me contenterai de répondre : Y a-t-il avantage à ce que, sur le champ de bataille, au milieu des détonations de l'artillerie, au milieu des bruits de toute nature les commandements du chef soient toujours perçus par ceux qui doivent les exécuter ?

Quels seraient les inconvénients ?

C'est ce que des expériences, bien conduite, pourraient seules nous apprendre.

Ces expériences, je les sollicite, persuadé que, sur le terrain, l'exécution serait plus facile encore que la théorie n'est simple.

Quant à la difficulté, pour les chefs, de se mettre au courant des sonneries à faire exécuter, elle est presque nulle, puisque les sonneries doivent se succéder dans l'ordre logique des pensées; le chef n'aurait, pour ainsi dire, qu'à penser tout haut.

Quant à ceux qui doivent traduire les sonneries, leur mission serait plus facile encore.

Que les moyens indiqués soient susceptibles d'être perfectionnés, je n'en doute pas, mais j'ai la conviction que l'idée est féconde et qu'elle serait le point de départ de la télégraphie militaire.

Arrivé à la fin de mon travail, je jette un coup d'œil en arrière et je me demande quel est le sort réservé à mes propositions; je sais la défaveur, la défiance avec lesquelles sont accueillies les idées nouvelles, et je n'attends de mes études, ni profit, ni l'ombre d'un succès.

Je me regarderai comme trop heureux, si j'ai fait naître dans quelques esprits le goût des manœuvres, si j'ai démontré la nécessité de certaines réformes.

Je m'attends à une levée de boucliers de la part des fanatiques de routine.

On m'accusera d'avoir attaqué l'Ordonnance, cette œuvre doublement vénérable pour moi.

Ma réponse est toute prête : l'Ordonnance de 1829 est une machine solide, qui a fait ses preuves; elle devait pour mieux fonctionner encore, s'alléger de quelques pièces inutiles, changer quelques rouages.

J'ai tenté cette opération, je l'ai faite maladroitement, c'est possible, mais consciencieusement.

L'intention d'être utile, le désir de répondre à ce reproche qu'on nous adresse sans cesse : « sous le rapport du progrès, vous êtes en retard dans la cavalerie », sont les mobiles qui ont dirigé ma plume.

FIN

TABLE DES MATIÈRES

PARIS

IMPRIMERIE BALITOUT, QUESTROY ET C{sup},

7, rue Baillif, et rue de Valois, 18.

9 782019 966478